Asar a la parrilla

diversión estival asegurada

> Autora: **Annette Heisch** | Fotografías: **Brigitte Sauer**

EVEREST

Contenidos

Teoría

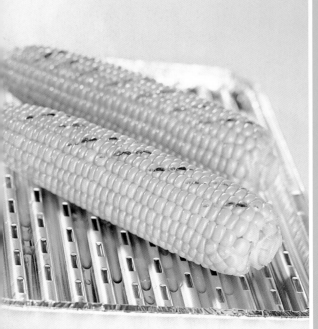

Recetas

Extra

El verano: temporada de asar a la parrilla

Disfrute de la facilidad con la que preparará al aire libre estas recetas... ya sea algo sustancioso con carne, algo ligero con pescado, o algo más sofisticado con verduras. Una gran variedad de marinados aromáticos y salsas que se preparan rápidamente y que le darán "nuevos bríos" a nuestra rutina diaria. A todo el mundo le divierte asar en la parrilla: esta labor no implica mucho trabajo, todo el mundo está dispuesto a ayudar y espera con impaciencia disfrutar de la comida. Con este libro, resultará sencillo recrear en su jardín un ambiente mediterráneo o darle un aire más exótico a sus vidas. ¡Anímese!

Las barbacoas y sus accesorios

Barbacoa con carbón vegetal

Hay que situar la barbacoa sobre una superficie firme y nivelada. Los alimentos se asan en la parrilla que se coloca encima. La gama ofertada es muy amplia. Para las excursiones, existen minibarbacoas plegables y muy manejables. **Ventajas:** se puede utilizar en cualquier lugar. **Desventaja:** se necesita bastante tiempo para "prender" el carbón. **Consejo:** elija un aparato con diferentes alturas regulables para la parrilla, con las manillas forradas por un aislante, y que incorpore una protección contra el viento. La limpieza de la barbacoa debería efectuarse sin problemas.

Barbacoa esférica

Funciona como la barbacoa de carbón vegetal, pero dispone de una tapa más espaciosa. En este caso, también es posible el asado indirecto: el carbón vegetal no se encuentra directamente debajo de los alimentos que se están asando, sino en los laterales. Gracias a su tapa, el calor que asciende desde abajo se reparte de forma equitativa por los alimentos. Este método es ideal, sobre todo, para los trozos de pescado más grandes. **Ventajas:** no hay olores molestos, hay un escaso consumo de carbón vegetal, y el asado es incluso posible aunque llueva. **Importante:** durante el encendido, tienen que estar abiertas las aberturas de ventilación.

Barbacoa de gas

La energía necesaria se suministra a través de una bombona de gas. Existen dos tipos de aparatos: en el primero, debajo de las parrillas se encuentran piedras de lava que se calientan gracias al calentador de gas; en el segundo, las llamas de gas provienen de una serie de rejillas especiales de acero esmaltado. **Ventajas:** transcurridos 10 minutos de calentamiento, la barbacoa ya se puede utilizar. La temperatura es regulable. No se produce ningún olor al encender y la limpieza del aparato es sencilla. **Desventajas:** su precio es bastante alto y el sabor de los alimentos no es el característico. **Importante:** necesita tener siempre bombonas de repuesto.

Barbacoa eléctrica

El aparato se conecta a enchufe, y la parrilla obtiene el calor a través de las espirales de calentamiento que se encuentran debajo. Debajo de estas espirales se halla, a su vez, un recipiente lleno de agua para contrarrestar un posible sobrecalentamiento. **Ventajas:** su sencillo manejo y su rápido calentamiento. No se crea humo. Se puede utilizar para asar dentro de la vivienda, y puede modificarse para convertirla en una barbacoa fija. **Desventaja:** el asado sólo es posible si hay un enchufe cerca. **Importante:** elija un aparato que tenga espirales de calentamiento protegidas, para que los alimentos no goteen sobre ellas. ¡No olvide reponer el agua!

Cubiertos

Las tenacillas, la espátula y el tenedor con sus mangos extra-largos hacen posible girar lo alimentos sin quemarse los dedos. **Importante:** mangos aislantes (para evitar el calor).

Pinchos/brochetas

Los pinchos de madera son baratos, pero los de metal pueden utilizarse en muchas ocasiones. Los pinchos dobles son especialmente prácticos. **Importante:** sumerja los pinchos de madera en agua, y los de metal en aceite.

Pincel

Para untar la carne, el pescado y las verduras con los marinados, necesita un pincel. Téngalo preparado durante el asado en una taza o en un pequeño cuenco junto con el marinado.

Rejilla para el pescado

Quien ase con frecuencia pescados enteros, debe utilizar una rejilla. **Importante:** mida con precisión su barbacoa para ajustar bien cualquier rejilla.

Guantes

¡Atención... eso está muy caliente y grasiento! Sus manos tienen que estar protegidas cuando, por ejemplo, esté avivando el brasero o girando los pinchos calientes de metal. **Importante:** elija guantes elaborados con un material resistente al fuego.

Pincho giratorio

Los pollos enteros o los rollos de carne se asan muy bien con estos pinchos, que tienen que girarse continuamente para que el calor se reparta de forma equitativa. Un pequeño motor (a pilas) ejerce la velocidad apropiada para girar el asado.

Cepillo para la parrilla

Unos cepillos metálicos especiales, con unas cerdas muy duras, nos facilitan la limpieza de la parrilla. **Importante:** para agarrar la parrilla caliente, póngase los guantes o espere hasta que se haya enfriado.

Mechas para la barbacoa

Las hay líquidas, en forma de pasta o en pastillas, y se colocan sobre el carbón frío, nunca cuando está caliente. Cuando se coloquen los alimentos sobre la parrilla, tienen que haberse consumido por completo.

Disfrutar de la barbacoa de forma saludable

Cuando durante la parrillada se avivan las llamas y éstas comienzan a chasquear, quizás aumente el ambiente romántico, pero la calidad de la carne, el pescado y de la verdura dejará mucho que desear a partir de este momento. Evite cualquier formación de humo. El humo surge siempre en el instante en el que la grasa cae sobre el carbón. Es entonces cuando pueden surgir elementos tan perjudiciales para la salud como por ejemplo el cancerígeno benzopireno.

1 | Asar en recipientes de aluminio

Por un lado son ideales para cualquier alimento que gotee al asarse, y por otro, son apropiados para cualquier alimento sensible al calor. La grasa o el marinado que va cayendo se acumula en las ranuras de los recipientes, evitando que entre en contacto con el carbón.
Efecto secundario positivo: la parrilla permanece limpia.
Importante: unte los recipientes con aceite resistente al calor (aceite de germen de girasol, aceite de girasol) para que no se pegue nada. Como los recipientes aíslan del calor, los tiempos de asado deben ser más prolongados.
Consejo: para un sabor más intenso de asado, ase los alimentos primero en el recipiente y, cuando ya no gotee nada, colóquelos brevemente en la parrilla untada con aceite.

2 | Asar en paquetes de papel de aluminio

Se trata de un método apropiado para la verdura, los pescados delicados o los rollos de carne.
Importante: envuelva los alimentos para que no se escape ningún líquido. Utilice papel de aluminio extra-fuerte o 2 capas de papel de aluminio normal. Coloque la parte brillante siempre mirando hacia dentro, para que el calor sea reflejado hacia el interior.

3 | Asar verticalmente

Para ello necesita una barbacoa especial, que es como una tostadora; las tabletas de carbón se apilan verticalmente dentro de una "chimenea" cromada de doble pared, lo que proporciona más rapidez y menor espera.

> 2 *El uso del papel de aluminio para envolver los alimentos debe llevarse a cabo con esmero.*

CONSEJO
No importa el modo de asado por el que se decante, para asar a la parrilla no sirven los alimentos adobados. A altas temperaturas, y por el nitrito que contiene la sal del adobo, pueden surgir nitrosaminasas cancerígenas.

Los combustibles

Para asar a la parrilla, elija el combustible apropiado para alimentar el fuego. El carbón vegetal y las briquetas (serrín, carbón y arena compactados con una sustancia a base de petróleo) para asar se encuentran en verano en cualquier supermercado y tiendas de bricolaje. Las briquetas para asar se encargan de producir una brasa duradera, y se recomiendan cuando se preparan alimentos que necesiten un tiempo más prolongado de asado. Quien quiera asar sólo algunas chuletas o algunas salchichas puede hacerlo también con carbón vegetal. Estos materiales normalmente no contiene ningún tipo de agente tóxico. En cualquier caso, no se recomienda la utilización de leña o de papel, pues producen humos perjudiciales. Quien desee utilizar materiales más exclusivos, puede recurrir a las briquetas de coco. La leña de haya o las cepas de vid dan buenas brasas, pero tras transcurrir, como mínimo, 1 hora.

El encendido

Coloque el combustible en forma piramidal. La utilización de mechas líquidas o pastillas para encender el fuego facilitan esta labor. Utilice cerillas largas para encender las barbacoas o las chimeneas.

Las brasas

Necesita tiempo y paciencia (como mínimo, 30 minutos). Lo mejor para hacer llegar el aire al carbón es utilizar un fuelle. Una capa blanca de ceniza sobre el carbón incandescente es la señal para comenzar con el asado.

La parrilla

Unte la parrilla con aceite resistente al fuego (los alimentos no se pegarán). La distancia de la parrilla respecto a la brasa es de 10 cm (4 pulgadas). Para tiempos más prolongados, elija primero una distancia mayor, y luego cambie la parrilla hacia las brasas.

El tiempo correcto de asado

Los tiempos de asado sirven sólo de orientación, y pueden variar en función del calor y del grosor del alimento. El pescado, la carne de ave y la de cerdo necesitan hacerse por completo. Antes de servir, realice una prueba.

Marinar y condimentar con especias

Los ingredientes básicos

- Aceite neutro y resistente al fuego, como el aceite de germen de maíz, el aceite de girasol o el aceite de cacahuete y un suave aceite de oliva.
- Hierbas aromáticas, frescas o secas: tomillo, romero, orégano.
- Especias: pimienta negra, pimienta de Cayena, pimentón en polvo (dulce, picante), chile en polvo.
- Salsas aromáticas: *ketchup*, salsa de chile, tabasco, salsa Worcester.
- Mostaza, miel, limones, tomate triturado y ajo.

Salsa para barbacoa

Para 4 porciones:
150 ml de *ketchup*
1 cs de vinagre de vino tinto
3 ct de salsa Worcester
1 ct de miel
1 ct de mostaza semipicante
1 ct de pimentón dulce
1 ct de chile en polvo
sal | pimienta
Remover bien todos los ingredientes hasta conseguir una salsa.

Combina bien con: carne de ternera, de cerdo y de ave. La salsa es ideal para marinar o mojar en ella.

Mezclas de especias

Por cada 8 porciones:
Caribeña: 1/2 ct de pimentón molido, 1 cs de tomillo, 1/4 ct de nuez moscada rallada, 1/4 ct de canela

Hindú: 1/2 ct de comino molido, 1/4 ct de cilantro molido, cuatro pizcas de clavos molidos, 1/4 ct de canela en polvo, 1/2 ct de curry en polvo

Mediterránea: por cada ct de tomillo y de orégano, 1/2 ct de romero.

Marinado picante de jengibre

Para 4 porciones:
1 trozo de jengibre fresco (del tamaño de 1 nuez)
1 vaina roja de chile
4 granos machacados de pimentón
2 cs de zumo de lima o de limón
6 cs de aceite de cacahuete

Pelar el jengibre y picarlo fino. Limpiar la vaina de chile, lavarla, secarla y cortarla en aros. Remover todos los ingredientes.

Combina bien con: carne de ave, de cerdo y pescado.

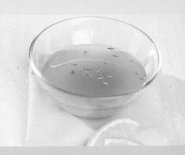

Marinado de vino tinto

Para 4 porciones:
Mezclar 1 diente de ajo machacado, 100 ml (3¹/² fl oz) de vino tinto,
4 cs de aceite de oliva y 1 cs de
tomate triturado. Condimentar
con pimienta negra.
Combina bien con: carne de ternera y de cordero.

Aceite de tomillo

Para 4 porciones:
Mezclar 1 ct de tomillo seco, 1 ct
de zumo de limón, 5 cs de aceite
de oliva y, en función de su gusto,
añadir 1/2 ct de granos de
pimienta rosa.
Combina bien con: cordero y
carne de ave.

Marinado de limón

Para 4 porciones:
Mezclar 2 cs de zumo de limón,
una pizca de piel rallada de limón,
1 cs de zumo de naranja, 3 cs de
aceite de germen de maíz y, en
función del gusto de cada uno,
agregar 1/2 ct de semillas de
hinojo machacadas grueso.
Combina bien con: pescado.

Marinado de jerez

Para 4 porciones:
Mezclar 1 cs de jerez seco, 2 ct
de *aceto balsamico*, 3 cs de aceite
de oliva y 1/2 ct de orégano seco.
Combina bien con: carne de ave
y carne de cerdo.

Marinado de ron

Para 4 porciones:
Mezclar 1 diente de ajo machacado, 5 cs de aceite, 2 cs de ron añejo, 1/2 ct de chile en polvo, 1/4 ct
de granos de pimienta negra
machacados y dos pizcas
de canela en polvo.
Combina bien con: bistecs.

Marinado asiático

Mezclar 3 cs de salsa de soja,
3 cs de caldo de ave, 1 cs de aceite oscuro de sésamo, 1/2 ct de
jengibre fresco rallado, 1 diente
de ajo machacado, 1 ct de zumo
de limón con 1 ct de miel.
Combina bien con: carne de
cerdo.

Salsas y cremas

Salsas elaboradas

Son prácticas para tenerlas en la despensa, y poder recurrir a ellas en cualquier ocasión. Existe una gran variedad en los supermercados y en las tiendas *Delicatessen*: ketchup (clásico, con curry, picante), salsas de cóctel, salsas de ajo, salsas de chile, etc. En las tiendas especializadas en productos asiáticos y orientales podemos encontrar también sus típicas salsas.

Consejo: aliñar las salsas elaboradas de forma adicional con hierbas aromáticas frescas.

Salsa de cacahuete

100 g (4 oz) de cacahuetes tostados con sal
40 g (1$^{1/2}$ oz) de crema de coco compacta
2 cs de aceite
3 chalotas y dientes de ajo bien picados
2 ct de azúcar de caña
1/4 l (9 fl oz) de caldo de ave
1 cs de zumo de limón
1 ct de Sambal Oelek

Triturar las nueces, trocear la crema de coco en dados y calentar el aceite. Rehogar las cebollas y el ajo. Añadir todos los ingredientes y rehogar todo 3 minutos.
Combina bien con: carne de ave, de cerdo y pescado.

Crema de aguacate

2 aguacates maduros
2 cs de zumo de limón
2 cebolletas picadas
1 diente de ajo machacado
2 cs de crema agria
sal | pimienta
cuatro pizcas de pimienta de Cayena

Dividir longitudinalmente los aguacates. Quitar los huesos. Sacar la carne, machacarla con un tenedor y mezclarla con el zumo de limón. Agregar el resto de los ingredientes.
Combina bien con: chuletas de ternera y carne de ave.

Alioli

2 yemas frescas de huevo
1/2 ct de mostaza
sal
1/4 l (9 fl oz) de aceite suave de oliva o aceite de girasol
3 dientes de ajo
1/2 ct de zumo de limón
pimienta recién molida

Remover las yemas de huevo, la mostaza y la sal hasta conseguir un estado cremoso. Añadir el aceite, primero gota a gota, y luego en un fino chorro. Condimentar todo con el ajo machacado, el zumo de limón y la pimienta.
Combina bien con: pescados y verduras.

Salsa cóctel
Mezclar 100 g (4 oz) de mayonesa, 50 g (2 oz) de crema agria, 1/2 ct de pimentón dulce, sal, pimienta, 4 cs de *ketchup*, tres pizcas de pimienta de Cayena, 1 ct de zumo de limón y 1 cs de licor o zumo de naranja.

Combina bien con: carne de ave, gambas.

Mantequilla de aceitunas
Mezclar 75 g (2¹/² oz) de aceitunas negras y picadas, 100 g (4 oz) de mantequilla blanda, sal, pimienta, dos pizcas de piel rallada de limón y 2 dientes machacados de ajo. Enrollar todo en papel de aluminio y ponerlo a enfriar.

Combina bien con: cordero.

Mantequilla de hierbas
Mezclar 100 g (4 oz) de mantequilla blanda, una pizca de piel rallada de limón con 1 1/2 cs de hierbas frescas y picadas; condimentar todo con sal y pimienta, enrollarlo en papel de aluminio y poner a enfriar.

Combina bien con: bistecs de ternera y de cerdo, pescados.

Crema de atún
Triturar 1 lata de atún (sin el aceite) y mezclar con 200 g de *crème fraîche*, 2 cs de aceite de oliva, sal, pimienta, 1 ct de mostaza y 2 cs de zumo de limón, y añadir a continuación 2 cs de alcaparras.

Combina bien con: carne de ave, verduras.

Salsa verde
Mezclar 3 cs de perejil picado, 1 cs de rúcula picada, 1 diente picado de ajo, 6 cs de aceite de oliva, 2 cs de crema agria, sal, pimienta y 1 cs de zumo de limón.

Combina bien con: bistecs, carne de ave y verduras.

Salsa de rábano picante y berros
Mezclar los berros con 200 g (7¹/² oz) de manteca, sal, pimienta, 3 ct de rábano picante (envasado) y 1/2 ct de zumo de limón.

Combina bien con: pescados.

Las guarniciones clásicas

Mazorcas de maíz asadas

Para 4 porciones:
4 mazorcas de maíz
sal | pimienta
2 cs de aceite de germen de maíz

1 | Lavar las mazorcas y cocerlas tapadas en agua sin sal 15 minutos. Dejarlas escurrir y secarlas.

2 | Untarlas con sal y pimienta, y "embadurnarlas" con aceite. Asarlas 10 minutos, girándolas cada poco.

Combinan bien con: bistecs, carne de ave.
Variante: untar las mazorcas crudas con 70 g (2¼ oz) de mantequilla blanda o mantequilla de hierbas y asar en papel de aluminio 40 minutos, girándolas. Condimentar con sal y pimienta.

Patatas asadas

Para 4 porciones:
4 patatas (de 200 g -7 oz-cada una)
sal | pimienta
aceite para el papel de aluminio

1 | Lavar las patatas. Pincharlas varias veces con un tenedor. Untar 4 trozos de papel de aluminio con el aceite, y envolver las patatas.

2 | Asar las patatas en la parrilla 50 minutos, dándoles la vuelta varias veces. Desenvolver las patatas y realizar 2 cortes en forma de cruz. Sacar su contenido con 1 cuchara y salpimentar.

Combina bien con: bistecs, pescados.
Variante: asar las patatas envueltas en papel de aluminio directamente dentro de la brasa (35 minutos).

Pan knofi

Para 4-6 porciones:
2 dientes de ajo
100 g (4 oz) de mantequilla de hierbas (receta pág. 11)
1 baguette grande

1 | Pelar el ajo, machacarlo, y agregarlo a la mantequilla de hierbas.

2 | Realizar un corte en la baguette cada 2 cm (0,78 pulgadas), pero sin que se parta. Untar la mantequilla de hierbas en los cortes. Envolver el pan en papel de aluminio y asarlo durante 10 minutos, dándole la vuelta de vez en cuando.

Combina bien con: carne, pescado, verduras.

Cebollas asadas

Para 4 porciones:
8 cebollas de 50 g (2 oz) cada una
150 ml (5 fl oz) de caldo de verduras
3 cs de zumo de limón
4 1/2 cs de aceite de oliva | 2 ct de azúcar
sal | pimienta

1 | Pelar las cebollas. Calentar el caldo y cocer las cebollas tapadas a fuego lento 20 minutos. Batir el zumo de limón, el aceite, sal y pimienta.

2 | Escurrir las cebollas y partirlas a la mitad. Untarlas con 1 cs del marinado y espolvorear con azúcar. Asarlas 2 minutos por cada lado en la parrilla y, al final, añadir el resto del marinado por encima.

Combina bien con: filetes y carne de ave.

Las guarniciones clásicas

Pimientos asados

Para 4 porciones:
4 pimientos rojos
sal | pimienta
1 cs de *aceto balsamico*
3 cs de aceite de oliva

1 | Lavar los pimientos.
Asarlos enteros 15 minutos
hasta que se oscurezca su
piel y comiencen a aparecer
pequeñas "burbujas", dán-
doles la vuelta de vez en
cuando. Luego, cubrir los
pimientos 10 minutos con
un paño de cocina húmedo.

2 | Mezclar la sal, la
pimienta, el *aceto balsamico* y el aceite. Quitar la piel
a los pimientos, dividirlos
a la mitad, desgranarlos y
cortarlos en tiras anchas.
Rociar el marinado por
encima y servirlos templa-
dos o fríos.

Combina bien con: carne
de ave, pescados.

Tzatziki

Para 4-6 porciones:
500 g (1 lb) de yogur
con nata
1 cs de zumo de limón
1 cs de aceite de oliva
1 pepino
2 dientes de ajo
sal | pimienta

1 | Remover el yogur hasta
que esté cremoso. Agregar
el zumo de limón y el aceite. Pelar el pepino, dividir-
lo longitudinalmente y
desgranarlo. Rallar su carne grueso.

2 | Pelar el ajo, machacarlo
en el prensaajos, y agre-
garlo al yogur. Añadir el
pepino y salpimentar.

Combina bien con: pinchos de carne, verduras.
Variante: en lugar del
yogur con nata, utilice
350 g (12 fl oz) de yogur
de leche entera y 150 g
(5 oz) de *crème fraîche*.

Ensalada de patata
con rabanitos

Para 4 porciones:
1 kg (2¼ lb) de patatas
sal | pimienta
1 ct de mostaza | 5 cs
de vinagre
5 cs de aceite
225 ml (8 fl oz) de caldo
caliente de verduras
1 manojo de rabanitos
4 cebolletas
2 cs de cebollino en trocitos

1 | Lavar las patatas y
cocerlas con su piel. Batir
la sal junto con la pimienta, la mostaza, el vinagre y
el aceite. Escurrir las patatas, pelarlas y cortarlas en
rodajas finas. Agregar el
caldo, la salsa de la ensalada y dejar marinar 30 min.

2 | Lavar los rabanitos y
cortarlos en rodajas. Limpiar las cebolletas, lavarlas
y desmenuzarlas. Mezclar
todos los ingredientes.

Tomates con Feta

Para 4 porciones:
4 tomates
200 g (7 oz) de Feta
sal de hierbas
2 ct de aceite de oliva
4 ramas de albahaca
aceite (para el papel)

1 | Lavar los tomates y
cortarlos en 6 rodajas
cada uno. Cortar el Feta
en 20 rodajas. Untar 4
trozos de papel de alumi-
nio con el aceite. Colocar
el Feta y los tomates por
capas encima. Condimen-
tar con la sal de hierbas.

2 | Formar pequeños
paquetes y asarlos 10
minutos, girándolos.
Abrir los paquetes. Repartir el aceite de oliva y
espolvorear las hojitas de
albahaca.

Combina bien con: patatas asadas, filetes.

Algo aromático con la carne de cerdo, ternera y cordero

Cuando en las cálidas noches de verano se nota en el aire el aroma de la carne asada, el tomillo, el romero y el ajo, todo el mundo sabe que, no muy lejos de allí, se está realizando otra parrillada. El anfitrión que se coloque delante de la barbacoa encontrará en este capítulo, además de las conocidas recetas clásicas, muchas otras novedades.

Recetas rápidas

Chuletillas de cordero con tomillo

PARA 4 PERSONAS

➤ 2 dientes de ajo | 12 chuletillas de cordero de 110 g (4 oz) cada una | sal | pimienta recién molida | aceite de tomillo (página 9)

1 | Pelar el ajo y dividirlo longitudinalmente a la mitad. Lavar las chuletillas, secarlas y untarlas por ambos lados con el ajo. Salpimentarlas.

2 | Untar las chuletillas con 2 cs de aceite de tomillo y asarlas durante 8 minutos. Darles la vuelta de vez en cuando, y repartir el resto del aceite de tomillo por encima.

Hamburguesa

PARA 4 PERSONAS

➤ 500 g (1 lb) de carne picada (ternera o mezcla) | sal | pimienta | 4 pizcas de chile en polvo | 2 ct de mostaza | 1 cs de aceite | 4 panecillos | 4 hojas de lechuga lavadas | 4 rodajas de tomate | *ketchup* y crema de ensalada en función de su gusto

1 | Amasar la carne picada con la sal, la pimienta, el chile en polvo y la mostaza. Hacer 4 hamburguesas muy finas y untarlas con el aceite. Dividir los panecillos a la mitad.

2 | Freír las hamburguesas por cada lado durante 4 minutos. Tostar brevemente las mitades de los panecillos (la parte interior) y rellenarlos con la hamburguesa y los ingredientes restantes.

15

copiosa | fácil
Chuletillas a la cerveza

PARA 4 PERSONAS

➤ 1 diente de ajo
4 cs de aceite
1 ct de mostaza semi-picante
4 cs de cerveza oscura
1/2 cs de miel
sal | pimienta recién molida
1 ct de orégano
ct de pimentón dulce
4 chuletillas de cerdo de 200 g (7 oz) cada una

🕐 Preparación: 20 min
🕐 Marinado: 4 h
🕐 Asado: 12 min
➤ Aprox. 385 kcal por ración

1 | Pelar el ajo y machacarlo en el prensaajos. Mezclar el ajo, el aceite, la mostaza, la cerveza y la miel. Condimentar el marinado con la sal, la pimienta, el orégano y el pimiento.

2 | Secar las chuletillas y untarlas con el marinado. Marinar la carne durante 4 horas en un lugar fresco.

3 | Sacar las chuletillas del marinado y dejar escurrir. Verter el marinado escurrido en una taza. Asar las chuletillas 6 minutos por cada lado y untarlas con el marinado.

➤ Acompañamiento: salsa de barbacoa (pág. 8), ensalada de patata con rabanitos (pág. 13), pan de pueblo.
➤ Bebida: cerveza clara o cerveza con gaseosa.

especialidad de EE UU | clásica
Costillas con salsa barbacoa

PARA 4 PERSONAS

➤ 2 kg (4 1/2 lb) de costillas (de cerdo)
salsa barbacoa (doble cantidad, pág. 8)
2 naranjas
2 dientes de ajo
1 cs de coñac de su elección

🕐 Preparación: 30 min
🕐 Marinado: 4 h
🕐 Asado: 10 min

➤ Aprox. 415 kcal por ración

1 | Dividir la carne en trozos de unas 3 costillas cada uno y echarlos en una cazuela grande con agua hirviendo. Cocerlas tapadas, a fuego medio, durante 20 minutos.

2 | Preparar la salsa barbacoa. Exprimir las naranjas (da lugar a aproximadamente 180 ml -6 fl oz- de zumo). Pelar el ajo y machacarlo en el prensaajos. Agregar el ajo, el zumo y el coñac a la salsa barbacoa. Dejar escurrir las costillas, y echar por encima la salsa barbacoa mientras las costillas están aún calientes. Marinarlas tapadas durante 4 horas en un lugar fresco.

3 | Dejar escurrir las costillas y realizar un corte entre ellas. Asar las costillas en 10 minutos, untarlas entre tanto con 2 cs de salsa barbacoa y darles la vuelta de vez en cuando. Añadir el resto de la salsa.

➤ Acompañamiento: ensalada de patata (pág. 13), mazorcas de maíz asadas (pág. 12).
➤ Bebida: cerveza clara o un vino tinto seco.

rápida | copiosa

Filetes a la pimienta con salsa de aguacate

PARA 4 PERSONAS

➤ salsa de aguacate (pág. 10)
  2 cs de pimienta negra
  1 cs de pimienta en grano
  4 filetes de cadera de 200 g (7 oz) cada uno
  2 cs de aceite | sal

🕒 Preparación: 20 min
🕒 Asado: 6-12 min
➤ Aprox. 740 kcal por ración

1 | Preparar la salsa de aguacate. Machacar la pimienta y el pimentón y colocarlo en un plato. Lavar los filetes, secarlos y pasarlos por la mezcla de pimienta.

2 | Freír los filetes durante 3-6 minutos por cada lado, untándolos mientras tanto continuamente con el aceite. Salar los filetes y servirlos con la salsa de aguacate.

➤ Acompañamiento: mazorcas de maíz asadas (pág. 12).
➤ Bebida: vino tinto.

especialidad argentina | picante

Filetes con salsa chimichurri

PARA 4 PERSONAS

➤ marinado de vino tinto (pág. 9)
  4 filetes de ternera de 200 g (7 oz) cada uno
  1 cebolla roja
  1 diente grande de ajo
  2 vainas frescas de chile rojo
  sal | pimienta recién molida
  4 cs de zumo de limón
  4 cs de aceite de oliva
  2 cs de perejil liso picado

🕒 Preparación: 20 min
🕒 Marinado: 4 h
🕒 Asado: 6-12 min (véase consejo)
➤ Aprox. 345 kcal por ración

1 | Preparar el marinado. Secar los filetes. Sacar 2 cs del marinado, y verter sobre los filetes el marinado restante. Dejarlos así, tapados, durante 4 horas en un lugar fresco.

2 | Para la salsa chimichurri, pelar la cebolla y trocearla fino. Pelar el ajo y machacar en el prensaajos. Limpiar las vainas de chile, dividir longitudinalmente a la mitad, desgranarlas, lavarlas y picarlas fino. Batir la sal, la pimienta, los chiles, el ajo, el zumo de limón y el aceite. Agregar la cebolla y el perejil. Dejarlo marinar durante 20 minutos.

3 | Sacar los filetes del marinado y secarlos. Asarlos 3-6 minutos por cada lado, untándolos entre tanto sin cesar con el marinado ya preparado. Salar los filetes y servirlos con la salsa.

➤ Acompañamiento: pan knofi, patatas asadas (pág. 12), baguette.
➤ Bebida: un vino tinto seco, cerveza clara.

CONSEJO

Tiempos de asado

Los filetes de ternera se asan en función del gusto personal de cada uno.

Poco hecho: por cada lado durante 3 minutos; hecho: por cada lado durante 4 minutos; muy hecho: por cada lado durante 6 minutos.

mediterránea | fácil de hacer
Filete de cerdo al pesto

PARA 4 PERSONAS

➤ 1 manojo grande
de albahaca

2 dientes de ajo

2 cs de piñones

2 cs de queso Parmesano
recién rallado

5 cs de aceite de oliva

sal | pimienta recién molida

2 filetes de cerdo
(cada uno de 300 g -11 oz)

8 lonchas finas de jamón
de Parma

Además: papel de alumi-
nio extra-fuerte

🕐 Preparación: 25 min
🕐 Marinado: 30 min
🕐 Asado: 35 min
➤ Aprox. 405 kcal por ración

1 | Para el pesto: lavar la alba-
haca, secarla y quitarle las
hojitas. Pelar el ajo y picarlo
grueso. Desmenuzar fino la
albahaca, el ajo, los piñones y
el queso Parmesano en la
batidora. Añadir 4 cs de aceite de oliva y batir todo muy
bien. Salpimentar.

2 | Untar 2 trozos de papel de
aluminio (aproximadamente
30 x 40 cm -12 x 16 pulga-
das-) por su lado brillante
con el resto del aceite. Lavar
los filetes, secarlos con papel
de cocina y untarlos con el
pesto. Envolver cada filete de
cerdo primero en 4 lonchas
de jamón y, a continuación,
en papel de aluminio. Enfriar
la carne durante 30 minutos
y dejarla macerar así.

3 | Asar los filetes durante 35
minutos, girándolos entre
tanto sin parar. Dejar descan-
sar la carne durante 10 minutos sobre una zona de la barbacoa donde el calor sea
menos intenso. Desenvolver
los filetes y cortarlos oblicua-
mente en rodajas.

➤ Acompañamiento: pan
blanco de la Toscana, mostaza.
➤ Bebida: un vino tinto fuerte, por ejemplo un Chianti.

CONSEJO

**Crema de mostaza
e higos**

Con el filete de cerdo al
pesto va muy bien una
crema de mostaza e
higos: para ello, mez-
clar 100 g (4 oz) de
Mascarpone, 1 cs de
confitura de higos (o
confitura de albarico-
ques) y 3 ct de mostaza
picante. Condimentar
todo con sal, pimienta y
1 ct de zumo de limón.

Así va más rápido

Quien disponga de
poco tiempo, puede uti-
lizar, 125 g (4½ oz) de
pesto "de bote".

Si llueve

El filete de cerdo puede
prepararse también en
el horno. Para ello, ca-
lentar el horno a 200 °C
(400 °F). Colocar los
paquetes de aluminio
sobre la parrilla y asar
los filetes 40 minutos.
Antes de servir la carne,
dejarla reposar
10 minutos.

21

especialidad del Sur
de Francia | fácil
de hacer

Costillas de cordero con mantequilla de aceitunas

PARA 4 PERSONAS

➤ 8 costillas de cordero
(costillas dobles, cada una
de aprox. 170 g -5$^{1/2}$ oz-)

sal | pimienta recién molida

2 ramas de romero

7 cs de aceite de oliva

mantequilla de aceitunas
(pág. 11)

🕐 Preparación: 10 min
🕐 Marinado: 2 h
🕐 Asado: 10 min
➤ Aprox. 1 550 kcal por ración

1 | Lavar las costillas de cordero, secarlas y golpearlas suavemente. Salpimentar. Lavar el romero, quitar las hojas y picarlas fino. Mezclar el romero y el aceite. Untar las costillas con 5 cs del aceite y dejarlas macerar 2 horas en un lugar fresco. Preparar la mantequilla de aceitunas.

2 | Asar las costillas 5 minutos por cada lado, y untarlas mientras con el resto del aceite. Cortar la mantequilla de aceitunas en rodajas y colocarlas sobre la carne.

➤ Acompañamiento: baguette, ensalada de tomate, ensalada verde con vinagreta de mostaza, patatas asadas (pág. 12).

➤ Bebida: un vino tinto procedente del Sur de Francia, por ejemplo un Côtes du Ventoux.

especialidad del Caribe
| picante

Filetes picantes de cerdo

PARA 4 PERSONAS

➤ 1 cebolleta

3 dientes de ajo

2 vainas de chile

1 trozo de jengibre fresco
(del tamaño de una nuez)

mezcla caribeña
de especias (media
cantidad, pág. 8)

2 cs de salsa de soja

3 cs de zumo de limón

2 ct de azúcar de caña

sal | pimienta recién molida

4 filetes de lomo de cerdo
de 150 g (5 oz) cada uno

🕐 Preparación: 25 min
🕐 Marinado: 4 h
🕐 Asado: 12 min
➤ Aprox. 240 kcal por ración

1 | Picar la cebolleta en trozos gruesos. Pelar el ajo y picarlo también grueso. Limpiar las vainas de chile, dividirlas longitudinalmente a la mitad, desgranarlas, lavarlas y cortarlas en tiras. Pelar el jengibre y cortarlo grueso. Mezclar la cebolla, el ajo, los chiles, la mezcla de especias, la salsa de soja, el zumo de limón, el azúcar de caña, la sal y la pimienta en la batidora hasta conseguir una salsa espesa.

2 | Untar los filetes con la salsa. Dejarlos marinar 4 horas en un lugar fresco. Dejar escurrir la carne y reservar la salsa de especias. Asar los filetes 12 minutos; mientras tanto, darles la vuelta varias veces y untarlos con la salsa de especias.

➤ Acompañamiento: salsa de chile, *chips*.

➤ Bebida: un vino tinto aromático y semi-seco.

Algo ligero con la carne de ave

Por dentro suave y por fuera crujiente: así es como mejor sabe el pollo y otras carnes de ave en todo el mundo. Tanto es así, que hay una variedad infinita de recetas al respecto: no importa que se trate de pollo al romero como en el Mediterráneo o de alas de pollo cubiertas de una crujiente capa de miel como en Estados Unidos. De estaá manera, podrá crear cualquier ambiente vacacional incluso en su propio jardín.

Recetas rápidas

Rollitos de pavo con jamón serrano

PARA 4 PERSONAS

➤ 8 filetes finos de pavo de 50 g (2 oz) cada uno │ sal │ pimienta │ 2 ct de mostaza │ 8 lonchas finas de jamón serrano │ 8 albaricoques blandos y secos │ 1 cs de aceite de oliva │ 8 pinchos metálicos para rollos

1 │ Salpimentar los filetes y untar un lado con mostaza. Cortar las lonchas de jamón a la mitad. Cubrir el lado del filete untado con mostaza con el jamón y el albaricoque.

2 │ Enrollar los filetes y unirlos con los pinchos. Untar los rollos con el aceite y asarlos durante 10 minutos, dándoles la vuelta de vez en cuando.

Pechuga de pollo al jerez

PARA 4 PERSONAS

➤ marinado de jerez (pág. 9) │ 4 filetes de pechuga de pollo sin piel de aprox. 150 g (5 oz) cada uno │ sal │ pimienta

1 │ Preparar el marinado. Lavar los filetes, secarlos y golpearlos hasta conseguir que se "alisen" un poco. Salpimentar la carne y untarla por todos los lados con el marinado. Dejarla marinar como mínimo 15 minutos en un lugar fresco.

2 │ Asar los filetes de pollo durante 10 minutos, dándoles la vuelta de vez en cuando.

clásica | copiosa
Pollo con romero

PARA 4 PERSONAS

➤ 6 ramas de romero
 2 dientes de ajo
 2 pollos de 1 200 g (2¹ᐟ² lb) cada uno
 sal | pimienta recién molida
 8 cs de aceite
 1/4 ct de pimentón picante
 1/2 ct de pimentón dulce
 1 de tomate triturado
 1 cs de zumo de limón

🕐 Preparación: 20 min
🕐 Marinado: 1 h
🕐 Asado: 1 h
➤ Aprox. 975 kcal por ración

1 | Lavar el romero y escurrirlo. Quitarle las hojas a 2 ramas y picarlas fino. Pelar los dientes de ajo y cortarlos en 4 partes. Lavar los pollos, secarlos y sapimentarlos por dentro y por fuera. Colocar dentro de los 2 estómagos (respectivamente) 2 ramas de romero y 1 diente de ajo cortado en 4 partes. Atar los pollos con hilo de cocina, de tal modo que las alas y los muslos no permanezcan separados del cuerpo.

2 | Batir el aceite, el pimiento, el tomate triturado, el zumo de limón y el romero picado hasta conseguir un marinado. Untar las aves con la mitad del marinado y dejarlas así durante 1 hora en un lugar fresco.

3 | Escurrir los pollos, insertarlos el pincho giratorio y asarlos durante 1 hora sin que cesen de girar. Untarlos de vez en cuando con el resto del marinado.

➤ Acompañamiento: ensalada de patata (pág. 13).

CONSEJO

Sin pincho giratorio

Si no tiene pincho giratorio, dividir los pollos a la mitad, condimentarlos con la sal, la pimienta y el marinado. Asar las mitades con la parte de la piel señalando hacia arriba 20 minutos, girarlos y asarlos 25 minutos más por el lado contrario.

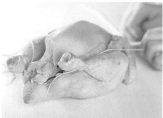

1 Atar el hilo
Atar el hilo de cocina alrededor de un muslo.

2 Cerrar
Pasar el hilo por debajo hacia el segundo muslo, y fijarlo bien.

3 Marinar
Untar los pollos con el marinado.

clásica | fácil de hacer

Alas de pollo con capa crujiente de miel

PARA 4 PERSONAS

➤ 20 alas de pollo (total 1 500 g -3$^{1/4}$ lb-)
sal | pimienta recién molida
5 cs de *ketchup*
5 cs de salsa de soja
1/2 ct de mostaza
1 ct de chile en polvo
5 cs de aceite
1 1/2 cs de miel líquida

🕐 Preparación: 20 min
🕐 Marinado: 4 h
🕐 Asado: 20 min
➤ Aprox. 590 kcal por ración

1 | Lavar las alas de pollo, secarlas, cortarles las puntas y salpimentarlas. Batir el *ketchup*, la salsa de soja, la mostaza, el chile en polvo y el aceite. Reservar 5 cs del marinado para más adelante, y untar las alas con el resto del marinado. Dejarlas tapadas durante 4 horas en un lugar fresco.

2 | Asar las alas durante 15 minutos, darles la vuelta de vez en cuando y untarlas con 2 1/2 cs del marinado reservado. Agregar la miel y el resto del aceite con el marinado. Untar con él las alas y continuar asándolas otros 5 minutos, dándoles la vuelta varias veces hasta que estén crujientes.

➤ Acompañamiento: salsa barbacoa (pág. 8), salsa de cacahuete (pág. 10).
➤ Bebida: cerveza.

exótica | picante

Pollo caribeño

PARA 4 PERSONAS

➤ 1 lima
7 granos de pimienta
1 diente de ajo
2 cs de salsa de chile picante
2 ct de azúcar de caña
8 cs de aceite
sal | pimienta recién molida
1 pollo (aprox. 1 800 g -4 lb-)
aceite para la parrilla

🕐 Preparación: 25 min
🕐 Marinado: 2 h
🕐 Asado: 30 min
➤ Aprox. 760 kcal por ración

1 | Lavar la lima y secarla. Rallar fino la piel y exprimir el zumo. Machacar la pimienta en el mortero. Pelar el ajo y machacarlo en el prensaajos. Batir el ajo, la salsa de chile, el azúcar de caña y el aceite. Condimentarlo con la sal, las pimientas, el zumo y la piel de lima.

2 | Lavar el pollo, secarlo y dividirlo en 8 partes. Salpimentarlo. Reservar 3 cs del marinado para más adelante. Untar el pollo con el marinado restante. Dejarlo marinar durante 2 horas en un lugar fresco.

3 | Colocar el pollo en la parrilla untada con aceite. Asarlo durante 30 minutos, untándolo de vez en cuando con el marinado reservado anteriormente.

➤ Acompañamiento: mazorcas de maíz asadas (pág. 12), salsa de chile.
➤ Bebida: cerveza clara.

especialidad de la India
| fácil

Pollo al estilo tandoori

PARA 4 PERSONAS

➤ 4 filetes de pechuga de pollo sin piel de 150 g (5 oz) cada uno

2 cs de zumo de limón

300 g (11 oz) de yogur

1 trozo de jengibre fresco

3 dientes de ajo | sal

1/2 ct de comino molido

1/4 ct de cilantro molido

pimienta negra recién molida

1 cs de curry picante

aceite para la parrilla

⊙ Preparación: 30 min
⊙ Marinado: 4 h
⊙ Asado: 30 min
➤ Aprox. 220 kcal por ración

1 | Lavar los filetes, secarlos y dividirlos transversalmente. Practicarles varios cortes (de unos 1/2 cm -0,19 pulgadas), untarlos con la sal y 1 cs del zumo de limón, y reservarlos.

2 | Remover el yogur hasta que esté cremoso. Pelar el jengibre y rallarlo. Pelar el ajo y machacarlo. Agregar el jen-gibre, el ajo, el resto del zumo de limón y las especias. Reservar 2 cs del marinado. Cubrir el pollo con el mari-nado restante y dejarlo mace-rar 4 horas.

3 | Escurrir el pollo y asarlo en la parrilla untada con el aceite 30 minutos. Darle la vuelta una vez y untarlo con el marinado restante.

➤ Acompañamiento: pan de leña hindú, arroz, *chutneys*.

para invitados | clásica

Filetes de pato glaseados

PARA 4 PERSONAS

➤ 2 filetes de pechuga de pato (300 g -11 oz- cada uno)

sal | pimienta recién molida

1 trozo de jengibre fresco

2 cs de jerez seco

2 cs de salsa de soja

2 cs de licor de naranja

3 pizcas de pimienta de Cayena

2 cs de aceite

aceite para la parrilla

2 ct de *aceto balsamico*

2 cs de mermelada de albaricoque

⊙ Preparación: 25 min
⊙ Marinado: 4 h
⊙ Asado: 20 min
➤ Aprox. 420 kcal por ración

1 | Realizar unos cortes en for-ma de rombo en la piel de los filetes y salpimentarlos. Pelar el jengibre, rallarlo y mezclarlo con el jerez, la salsa de soja, el licor y la pimienta de Cayena. Untar los filetes con el mari-nado y colocarlos en el propio marinado con la parte de la piel mirando hacia arriba. Dejarlos macerar 4 horas.

2 | Escurrir los filetes y untar los lados con 1 cs de aceite. Colocar los filetes con el lado de la piel hacia abajo en la parrilla untada con aceite. Asarlos 10 min, darles la vuel-ta y asarlos otros 6. Mezclar el *aceto balsamico*, la confitura y el resto del aceite. Untar los filetes con esta mezcla y asar-los 2 minutos cada lado, direc-tamente sobre la parrilla hasta que estén crujientes.

➤ Acompañamiento: salsa de chile, arroz basmati, baguette.

Algo sofisticado con el pescado

No lo encontramos en muchas ocasiones pero, desde el punto de vista culinario, el pescado asado a la parrilla es especialmente delicioso. En este caso, seguro que acertará plenamente si quiere sorprender a sus invitados con algo especial. El salmón o el pez espada y el pargo rojo a la parrilla contarán con la aprobación de los *gourmets* más exigentes. Sin embargo, debe tener en cuenta una cosa: sólo los pescados y los filetes de pescado más resistentes sirven para la barbacoa.

Recetas rápidas

Gallineta con mantequilla de lima

PARA 4 PERSONAS

➤ 100 g (4 oz) de mantequilla blanda │ sal │ pimienta │ 1/4 ct de piel rallada de lima │ 1/2 ct de zumo de lima │ 1 cs de cebollino picado │ 4 filetes de gallineta de 200 g (8 oz) cada uno │ aceite para la parrilla

1 │ Remover la mantequilla, la sal, la pimienta y la piel de lima. Reservar 1 cs de mantequilla. Agregar el zumo de lima y el cebollino a la mantequilla restante. Formar un rollo, envolverlo en papel transparente y ponerlo a enfriar.

2 │ Untar los filetes con la mantequilla y asarlos en la parrilla durante 6 minutos por cada lado. Servirlos con la mantequilla de lima.

Rape con salsa de aceitunas y alcaparras

PARA 4 PERSONAS

➤ 8 aceitunas calamata sin hueso │ 1 cs de alcaparras │ sal │ pimienta │ 2 pizcas de piel rallada de limón │ 1/2 ct de mostaza de Dijon │ 2 cs de zumo de limón │ 5 cs de aceite de oliva │ 4 rodajas de rape de 150 g (5 oz) cada una

1 │ Picar las aceitunas y las alcaparras. Mezclarlas con la sal, la pimienta, la piel de limón, la mostaza, el zumo de limón y 4 cs de aceite.

2 │ Untar el pescado con el resto del aceite, asarlo en la parrilla 4 minutos por cada lado. Salar el rape, condimentarlo con la pimienta y servirlo con la salsa.

33

jugosa
Pargo rojo al estilo hawaiano

PARA 4 PERSONAS

- ➤ 800 g (2 lb) de filetes de pargo rojo con piel (o filetes de gallineta)
- 2 1/2 cs de zumo de lima
- 2 cs de aceite de oliva
- 1 chalota
- 2 dientes de ajo
- 350 g (12 oz) de tomates
- 2 cs de *chutney* de mango
- 2 cs de vinagre de vino blanco
- algunas gotas de tabasco
- sal | pimienta recién molida

- ⏱ Preparación: 20 min
- ⏱ Marinado: 30 min
- ⏱ Asado: 8 min
- ➤ Aprox. 285 kcal por ración

1 | Lavar y secar el pescado. Mezclar 2 cs de zumo de lima y el aceite. Untar los filetes y dejarlos marinar en un lugar fresco durante 30 minutos.

2 | Pelar la chalota y picarla fino. Pelar también el ajo y picarlo fino. Escaldar los tomates, quitarles la piel y trocearlos fino. Mezclar los tomates, la chalota, el ajo, el *chutney* de mango y el vinagre, y calentarlo todo. Cocerlo sin tapar, a fuego lento, durante 10 minutos. Dejarlo enfriar, condimentarlo con el tabasco, la sal y el resto del zumo de lima.

3 | Secar los filetes de pescado y asarlos entre 3 y 4 minutos por cada lado. Salpimentarlos y servirlos con la salsa de tomate y mango.

- ➤ Acompañamiento: arroz aromático, lechuga iceberg.

picante | asiática
Gambas con jengibre

PARA 4 PERSONAS

- ➤ 2 cs de zumo de limón
- 4 cs de aceite
- 1 ct de jengibre recién rallado
- 4 pizcas de pimienta de Cayena
- sal | pimienta recién molida
- 20 gambas grandes crudas y sin pelar (aprox. 750 g -1 lb 11 oz-)
- 1 cebolleta
- 1/2 manojo de cilantro verde (o perejil liso)
- 100 g (4 oz) de salsa agridulce de chile

- ⏱ Preparación: 25 min
- ⏱ Marinado: 1 h
- ⏱ Asado: 6 min
- ➤ Aprox. 190 kcal por ración

1 | Mezclar el zumo de limón y el aceite. Condimentar con el jengibre, la pimienta de Cayena, la sal y la pimienta. Pelar las gambas hasta llegar a la cola y extraer el intestino. Untar las gambas con el marinado y ponerlas a macerar en un lugar fresco durante 1 hora.

2 | Limpiar las cebolletas, lavarlas y picarlas fino. Lavar el cilantro, secarlo y picarlo fino. Agregar ambos a la salsa de chile.

3 | Asar las gambas 3 minutos por cada lado. Servirlas con la salsa de chile.

- ➤ Acompañamiento: arroz basmati, krupuk.
- ➤ Bebida: un vino blanco semi-seco.

fácil | para invitados

Truchas a las finas hierbas

PARA 4 PERSONAS

➤ 1 cebolla
3 dientes de ajo
1 manojo de perejil liso
3 cs de aceite
2 cs de un vino blanco seco
sal | pimienta
4 truchas listas para asar
(de aprox. 300 g -11 oz-
cada una)
1 limón

⏱ Preparación: 25 min
⏱ Asado: 10 min
➤ Aprox. 230 kcal por ración

1 | Pelar la cebolla y cortarla en dados. Pelar el ajo y picarlo fino. Lavar el perejil, secarlo y picarlo fino. Calentar 1 cs de aceite en la sartén. Rehogar la cebolla y el ajo. Añadir el vino y subirlo una vez a punto de ebullición. Dejar que se enfríe. Condimentarlo con el perejil, la sal y la pimienta.

2 | Lavar las truchas por dentro y por fuera con agua fría, y secarlas a continuación con papel de cocina. Salpimentarlas bien por dentro y por fue-

ra. Rellenar el pescado con la mezcla de la cebolla. Untar los lados exteriores con el aceite restante. Lavar el limón con agua caliente, secarlo y cortarlo en 4 trozos.

3 | Asar las truchas 5 minutos por cada lado. Servirlas con los cuartos de limón.

➤ Acompañamiento: patatas asadas (pág. 12) o patatas cocidas con piel, mantequilla de hierbas (pág. 11), lechuga, ensalada de zanahoria.

➤ Bebida: un vino blanco seco, por ejemplo un Riesling.

➤ Variante: caballa.
En lugar de truchas, para esta receta sirven también las caballas.

CONSEJO

Asar pescados enteros

Colocar cada uno de los pescados enteros, uno a uno en cestas especiales para asar, o poner varios juntos en una misma rejilla de tijera. Quien no disponga de ninguno de estos dos utensilios, puede asarlos sobre la misma parrilla untada con aceite y darles la vuelta con cuidado, ayudándose de una paleta larga de metal.

Si llueve...

En el caso de que lloviera, puede preparar el pescado también en el horno. Para ello, precalentar el horno y colocar el pescado sobre la rejilla, y ésta a su vez sobre la bandeja del horno. Asar el pescado entre 5 y 6 minutos por cada lado.

especialidad española | rápida

Salmonetes asados

PARA 4 PERSONAS

➤ **4 ramas pequeñas de romero**
  4 salmonetes listos para cocinar de aprox. 250 g (9 oz) cada uno
  sal | 4 ramas de tomillo
  4 cs de aceite de oliva
  4 rodajas finas de limón

⏱ Preparación: 10 min
⏱ Asado: 10 min
➤ Aprox. 240 kcal por ración

1 | Lavar y escurrir el tomillo y el romero. Lavar los salmonetes y secarlos a continuación. Salar el pescado por dentro y por fuera y colocar en el estómago de cada salmonete una rama de romero y otra de tomillo. Untarlos por fuera con el resto del aceite.

2 | Asar el pescado aprox. 5 minutos por cada lado. Servir los salmonetes con limón.

➤ Acompañamiento: alioli (pág. 10), pan blanco, pimientos asados (pág. 13).

➤ Bebida: un vino blanco seco, por ejemplo un Rioja.

CONSEJO

Alioli rápido
Quien no disponga del tiempo suficiente para preparar el alioli, puede utilizar 250 g (9 oz) de mayonesa envasada y condimentarla con un poco de zumo de limón y con 2 ó 3 dientes de ajo machacados.

exótica | rápida

Filetes de salmón con salsa de papaya y pimiento

PARA 4 PERSONAS

➤ **5 cs de zumo de limón**
  piel rallada de 1/4 limón
  1 1/2 cs de aceite de oliva
  4 filetes de salmón de aprox. 200 g (7 oz) cada uno
  3 cebolletas
  1 papaya (400 g -14 oz-)
  1 pimiento rojo pequeño (150 g -5 oz-)
  1 cs de perejil liso
  sal | pimienta
  pimienta de Cayena

⏱ Preparación: 20 min
⏱ Asado: 10 min
➤ Aprox. 480 kcal por ración

1 | Mezclar 1 cs de zumo y la piel de limón con el aceite de oliva. Lavar los filetes de salmón, secarlos y untarlos con el marinado. Ponerlos a enfriar durante 15 minutos.

2 | Limpiar las cebolletas, lavarlas y picarlas muy fino. Pelar la papaya, dividirla y desgranarla. Trocear fino la carne. Dividir el pimiento a la mitad, desgranarlo, lavarlo y cortarlo en dados pequeños. Mezclar las cebollas, la papaya, el pimiento, el perejil y el resto del zumo de limón. Condimentarlo con la sal, la pimienta y la pimienta de Cayena.

3 | Asar los filetes de salmón 5 minutos por cada lado. Salpimentarlos. Servirlos con la salsa de papaya y pimientos.

➤ Acompañamiento: baguette, ensalada picante de arroz, cebolla asada (pág. 12).

➤ Bebida: un vino blanco seco, por ejemplo un Chardonnay, cerveza clara.

especialidad caribeña | picante

Atún con salsa picante de tomate

PARA 4 PERSONAS

➤ 2 cs de aceite
  4 cs de zumo de lima
  3 pizcas de cilantro molido
  pimienta recién molida
  4 filetes de atún de 200 g (7 oz) cada uno
  600 g (1 lb 5 oz) de tomates
  2 vainas pequeñas y rojas de chile
  3 cebolletas
  1 diente grande de ajo | sal
  1 pizca de azúcar

🕐 Preparación: 25 min
🕐 Marinado: 30 min
🕐 Asado: 8 min
➤ Aprox. 520 kcal por ración

1 | Mezclar el aceite, 1 cs de zumo de lima, el cilantro y la pimienta. Lavar el atún, secarlo y untarlo con el marinado. Dejarlo en un lugar fresco durante 30 minutos.

2 | Escaldar brevemente los tomates, quitarles la piel y el tallo. Trocear bien su carne.

Limpiar las vainas de chile, dividirlas longitudinalmente a la mitad, desgranarlas, lavarlas y picarlas fino. Pelar el ajo y machacarlo. Limpiar las cebolletas y picarlas fino. Mezclar los tomates, los chiles, las cebolletas y el ajo. Condimentarlo todo con la sal, la pimienta, el azúcar y el zumo restante de lima.

3 | Asar los filetes de atún 4 minutos por cada lado y salarlos. Servirlos con la salsa de tomate.

➤ Acompañamiento: arroz, *chips*.

mediterránea | fácil

Pez espada con salsa de melón

PARA 4 PERSONAS

➤ 4 rodajas de pez espada de aprox. 200 g (7 oz) cada uno
  marinado de limón (pág. 9)
  400 g (14 oz) de sandía
  1/2 pepino (200 g -7 oz-)
  2 chalotas
  2 dientes de ajo
  1/2 manojo de albahaca
  4 1/2 cs de zumo de limón
  sal | pimienta
  pimienta de Cayena

🕐 Preparación: 20 min
🕐 Marinado: 30 min
🕐 Asado: 8 min
➤ Aprox. 280 kcal por ración

1 | Untar el pescado con el marinado y ponerlo en un lugar fresco 30 minutos. Pelar el melón y desgranarlo. Cortar su carne en dados pequeños. Lavar el pepino, dividirlo longitudinalmente a la mitad, desgranarlo y trocearlo fino. Pelar las chalotas y picarlas fino. Pelar el ajo y machacarlo.

2 | Lavar la albahaca y cortarla fino. Mezclar el melón, el pepino, las chalotas, el ajo, la albahaca y el zumo de limón. Condimentarlo todo con la pimienta y la pimienta de Cayena.

3 | Asar el pescado 4 minutos por cada lado. Salpimentarlo y servirlo con la salsa de melón.

➤ Acompañamiento: baguette, grisines.
➤ Bebida: un Burgunder blanco.

Delicias
vegetarianas

Todo el mundo ha comido en alguna ocasión patatas asadas a la parrilla como guarnición para el filete. Sin embargo, en este capítulo lo vegetariano será considerado el plato principal. La verdura, las patatas, el queso: a partir de los mismos se pueden preparar unos platos estupendos que, por otro lado, también serán una sorpresa. Los más desconfiados pueden empezar con la mitad de las cantidades indicadas en las recetas y servirlas como primer plato.

Recetas rápidas

Tiras crujientes de calabaza

PARA 4 PERSONAS

➤ 1 kg (2¼ lb) de calabaza │ 6 cs de aceite de oliva │ 1 diente de ajo machacado │ sal │ pimienta │ 1/4 ct de pimentón molido │ 2 ct de caña de azúcar │ 2 ct de *aceto balsamico*

1 │ Desgranar la calabaza y cortarla en tiras de 1 cm (0,39 pulgadas) de grosor. Untarlas con 1 cs de aceite. Batir el resto de los ingredientes.

2 │ Asar las tiras 7 minutos por cada lado. Untarlas con el *aceto balsamico* y asarlas 1 minuto más por cada lado. Combinan muy bien con la mantequilla de hierbas aromáticas.

Tomates asados con Mozzarella

PARA 4 PERSONAS

➤ 8 tomates │ 2 bolas de Mozzarella (cada una de 125 g -4½ oz-) │ sal │ pimienta │ 3 cs de aceite de oliva │ hojitas de albahaca │ aceite para la parrilla

1 │ Lavar los tomates, secarlos y dividirlos transversalmente a la mitad. Cortar las bolas de Mozzarella en 16 rodajas.

2 │ Asar los tomates (con el lado de corte hacia abajo) en la parrilla untada con aceite durante 8 minutos. Darles la vuelta, cubrirlos con la Mozzarella y asarlos otros 5 minutos más. Salpimentar y regar con el aceite de oliva. Decorarlos con la albahaca.

mediterránea | fácil

Patatas con Scamorza y tomate

PARA 4 PERSONAS

➤ 8 patatas para cocer de tamaño mediano

3 tomates

sal | pimienta recién molida

1 1/2 ct de orégano

250 g (9 oz) de Scamorza (queso ahumado italiano, o cualquier otro tipo de queso ahumado)

aceite para el papel de aluminio

16 palillos

🕑 Preparación: 30 min
🕑 Asado: 15 min
➤ Aprox. 240 kcal por ración

1 | Lavar las patatas y cocerlas con su piel. A continuación, dejarlas enfriar. Lavar los tomates y cortarlos en 16 rodajas. Condimentarlos con la sal, la pimienta y el orégano.

2 | Cortar el queso en 16 lonchas y dividir cada loncha transversalmente a la mitad. Untar 8 trozos de papel de aluminio en aceite. Cortar las patatas dos veces transversalmente. Colocar cada patata por capas: la parte exterior de la patata, el queso, el tomate, el queso, el trozo central de la patata, el queso, el tomate, el queso, la parte exterior de la patata. Fijar un palillo a cada lado para que no se deshaga.

3 | Envolver las patatas en papel de aluminio. Asarlas 15 minutos, dándoles la vuelta una vez durante este tiempo.

➤ Acompañamiento: mantequilla de aceitunas (receta, pág. 11) o aceitunas.
➤ Bebida: un vino tinto fuerte.

oriental | económica

Veggiburger

PARA 4 PERSONAS

➤ 2 latas de garbanzos (cada una de 265 g -9¹ᐟ² oz- sin el líquido)

3 cs de semillas de sésamo

1 cebolla grande

2 dientes de ajo

1 cs de mostaza

sal | pimienta recién molida

2 ct de comino molido

4 pizcas de pimienta de Cayena

50 g de pan rallado

2 cs de aceite

🕑 Preparación: 25 min
🕑 Asado: 8 min
➤ Aprox. 560 kcal por ración

1 | Dejar escurrir los garbanzos en un colador. Tostar las semillas de sésamo en una sartén sin aceite. Pelar la cebolla y cortarla en dados. Pelar y picar el ajo.

2 | Triturar los garbanzos, el sésamo, la cebolla y el ajo en la batidora. Condimentarlo todo bien con la mostaza, la sal, la pimienta, el comino y la pimienta de Cayena. Añadir el pan rallado a la masa.

3 | A partir de esta masa, formar 8 hamburguesas y untarlas por ambos lados con el aceite. Asar las *veggiburger* (hamburguesas vegetales) por cada lado aproximadamente durante 4 minutos.

➤ Guarnición: pan de leña, panecillos, tzatziki (pág. 13), salsa verde (pág. 11), salsa de chile.

para invitados | fácil
Tomates con queso de cabra y rúcula

PARA 4 PERSONAS

➤ 4 tomates de 250 g (9 oz) cada uno

sal | pimienta recién molida

4 rebanadas de pan blanco (cada una de aprox. 20 g -1/2 oz-)

2 dientes de ajo

4 cs de aceite de oliva

150 g (5 oz) de queso fresco de cabra

1/2 manojo de rúcula

aceite para el papel de aluminio

🕐 Preparación: 30 min
🕐 Asado: 20 min
➤ Aprox. 290 kcal por ración

1 | Lavar los tomates y secarlos. Cortar la parte superior y reservarla para utilizarla como tapa. Vaciar los tomates y salpimentar el interior. Dejar escurrir los tomates colocados al revés.

2 | Quitar la corteza al pan y cortarlo en dados. Pelar el ajo y picarlo fino. Calentar el aceite en una sartén, y freír los dados de pan hasta que estén crujientes. Añadir el ajo y freírlo también brevemente.

3 | Cortar el queso de cabra en pequeños dados. Lavar la rúcula, limpiarla, escurrirla y cortarla fino. Añadir el queso y la rúcula al pan. Condimentar todo con sal y pimienta. Untar 4 trozos de papel de aluminio con aceite.

4 | Rellenar los tomates con la mezcla y colocar encima la correspondiente tapa. Envolverlos en papel de aluminio y asarlos 20 minutos, dándoles la vuelta de vez en cuando.

➤ Acompañamiento: lechuga con vinagreta de mostaza.

➤ Bebida: un vino rosado o tinto.

afrutada | para invitados
Plátanos con miel

PARA 4 PERSONAS

➤ 50 g (2 oz) de mantequilla blanda

1 paquete pequeño de azúcar de vainilla

4 pizcas de canela

1 pizca de zumo de limón

4 plátanos

4 ct de miel de acacia

🕐 Preparación: 30 min
🕐 Asado: 10 min
➤ Aprox. 195 kcal por ración

1 | Remover la mantequilla hasta conseguir que esté cremosa. Agregar el azúcar de vainilla, la canela y el zumo de limón y enfriar todo.

2 | Colocar los plátanos con su piel sobre la parrilla de la barbacoa y asarlos durante 10 minutos, dándoles la vuelta de vez en cuando.

3 | Tirar de la piel longitudinalmente y quitarla con cuidado. Servir el plátano con la mantequilla de canela y la miel.

➤ Guarnición: galletas de coco.

CONSEJO

Plátanos flameados

Caliente 8 cs de ron añejo con un gran porcentaje en alcohol en una espumadera. Encienda el ron y viértalo sobre los plátanos.

mediterránea | copiosa
Medallones de berenjena con aceitunas y Feta

PARA 4 PERSONAS

➤ 1/2 manojo de tomillo

4 cs de zumo de limón

5 cs de aceite de oliva

sal | pimienta negra recién molida

2 berenjenas (cada una de aprox. 280 g -10 oz-)

1 manojo de perejil liso

50 g de aceitunas negras con hierbas aromáticas y sin hueso

150 g (5 oz) de Feta

3 cs de yogur

aceite para la parrilla

🕐 Preparación: 35 min
🕐 Marinado: 2 h
🕐 Asado: 15 min
➤ Aprox. 240 kcal por ración

1 | Lavar el tomillo, secarlo y picar fino sus hojitas. Mezclar el zumo de limón, el aceite, la sal y la pimienta. Lavar las berenjenas, limpiarlas, frotarlas y cortarlas transversalmente hasta tener 40 rodajas. Untarlas con el marinado y dejarlas macerar 2 horas.

2 | Lavar el perejil, secarlo y picarlo fino. Picar grueso las aceitunas. Aplastar el Feta. Agregar el yogur, las aceitunas, el perejil y la pimienta.

3 | Dejar escurrir las berenjenas. Untar 20 rodajas con la mezcla de queso y cubrirlas con las rodajas restantes, presionándolas ligeramente. Asar los medallones en la parrilla 15 minutos, dándoles la vuelta de vez en cuando.

➤ Acompañamiento: pan de leña, tzatziki.

➤ Bebida: un vino blanco seco, por ejemplo un Retsina.

rápida | para invitados
Radicchio asado con crema de Gorgonzola

PARA 4 PERSONAS

➤ 250 g de Gorgonzola

250 g de crema agria

2 ct de zumo de limón

sal | pimienta recién molida

2 cs de perejil picado

4 cabezas grandes y tiernas de radicchio (achicoria roja) | 12 cs de aceite de oliva

🕐 Preparación: 20 min
🕐 Asado: aprox. 8 min
➤ Aprox. 600 kcal por ración

1 | Remover con suavidad el Gorgonzola, la crema agria y el zumo de limón con la batidora o un tenedor. Agregar la sal, la pimienta y el perejil.

2 | Lavar el radicchio, limpiarlo, secarlo y dividirlo longitudinalmente a la mitad. Mezclar el aceite con la sal y la pimienta. Untar los radicchio (por fuera y entre las hojas) con el aceite y asarlos cada lado 4 minutos; entre tanto, presionar de vez en cuando con una espátula contra la parrilla de la barbacoa. Sírvalos con la crema de Gorgonzola.

➤ Acompañamiento: grisines envueltos en jamón Parmesano.

➤ Bebida: Prosecco.

CONSEJO

Radicchio de Treviso

El radicchio de Treviso es especialmente apto para ser asado a la parrilla.

Diversidad en los pinchos

Carnes, verduras, pescados o setas: da igual... los marinados y los pinchos son una delicia para la vista y el paladar. Para insertar cada uno de los trozos es necesario un poco de tiempo. Sin embargo, después será mucho menos complicado girarlos en la barbacoa. Los pinchos tradicionales de madera o de metal que casi miden 20 cm (8 pulgadas) de largo son ideales. Los pinchos metálicos más largos suelen medir por norma en torno a los 30 cm (12 pulgadas).

Recetas rápidas

Pinchos de salchicha con salsa *ketchup*

PARA 4 PERSONAS

➤ 10 salchichas de cerdo (en total 500 g -1 lb-) | 8 cebollas pequeñas (en total 250 g -9 oz-) | 150 ml (5 fl oz) de *ketchup* | 2 ct de mostaza | 1 ct de pimentón dulce en polvo | 8 pinchos de madera

1 | Cortar las salchichas en trozos de tamaño medio. Pelar las cebollas y cortarlas en cuartos. Colocar todos los ingredientes alternativamente en los pinchos. Remover el *ketchup*, la mostaza y el pimentón hasta hacer una salsa.

2 | Asar los pinchos durante 8 minutos, darles la vuelta de vez en cuando y, transcurridos 6 minutos, untarlos con 3 cs de salsa. Servir también la salsa restante.

Pinchos de pan con queso

PARA 4 PERSONAS

➤ 250 g (9 oz) de pan toscano | 200 g (7 oz) de queso (por ejemplo Manchego o Greyerzer) | 16 tomates *cherry* | 4 cs de aceite de oliva | aceite para la parrilla | 8 pinchos de madera

1 | Cortar el pan y el queso en dados de aprox. 2,5 cm (1 pulgada) de grosor. Lavar los tomates y frotarlos hasta secarlos. Insertar el pan, el queso y los tomates en los pinchos y untarlos con 2 cs de aceite.

2 | Asar los pinchos durante 8 minutos en la parrilla con aceite, girándolos de vez en cuando. Colocar los pinchos en una fuente y echar el aceite restante por encima.

griega | para invitados
Pinchitos de pescado y calabacín

PARA 4 PERSONAS

➤ 4 calabacines pequeños (en total 400 g -14 oz-)

600 g (1 lb 5 oz) de filetes de pescado marinado en limón (página 9)

8 hojas frescas de laurel

sal | pimienta

4 pinchos largos

aceite para la parrilla

🕐 Preparación: 25 min
🕐 Marinado: 30 min
🕐 Asado: aprox. 12 min
➤ Aprox. 360 kcal por ración

1 | Lavar los calabacines, secarlos y cortarlos en rodajas de 1 cm (0,39 pulgadas) de grosor. Secar los filetes de pescado y cortarlos en dados de aprox. 3 cm (1,18 pulgadas) de grosor.

2 | Mezclar el pescado y el calabacín con el marinado. Enfriarlo y marinarlo tapado durante 30 minutos. Dejarlo escurrir en un colador y reservar el marinado para más adelante. Insertar alternando el pescado, el calabacín y el laurel en los pinchos.

3 | Asar los pinchos 10 minutos en la parrilla con aceite, girándolos de vez en cuando y untándolos con el marinado. Al final, asar 2 minutos directamente sobre la parrilla por todos los lados hasta que estén crujientes. Salpimentar.

➤ Acompañamiento: pan blanco, alioli (página 10), salsa de rábano picante y berros (página 11).

➤ Bebida: un vino blanco seco.

especialidad tailandesa | picante
Pinchos de pollo

PARA 4 PERSONAS

➤ 1 trozo de jengibre fresco (del tamaño de 1 nuez)

1 ct de curry picante en polvo

2 cs de salsa de soja

1 cs de zumo de lima (o limón)

1 ct de azúcar de caña

2 cs de aceite

600 g (1 lb 5 oz) de filetes de pechuga de pollo sin piel

salsa de cacahuete (pág. 10)

sal | pimienta recién molida

12 pinchos de madera

🕐 Preparación: 30 min
🕐 Marinado: 2 h
🕐 Asado: 8 min
➤ Aprox. 500 kcal por ración

1 | Pelar el jengibre y rallarlo fino. Remover el jengibre, el curry, la salsa de soja, el zumo de lima, el azúcar de caña y el aceite. Lavar los filetes de pollo, secarlos y cortarlos en tiras de 1/2 cm (0,19 pulgadas) de grosor. Mezclar la carne con el marinado y dejarlo macerar al menos durante 2 horas en un lugar fresco.

2 | Preparar la salsa de cacahuete. Dejar escurrir la carne e introducirla en los pinchos a modo de acordeón. Asar los pinchos 8 minutos, dándoles la vuelta de vez en cuando. Condimentar la carne con la sal y la pimienta y servirla con la salsa de cacahuete.

➤ Guarnición: arroz, ensalada de pepino.

mediterránea | económica
Pinchos provenzales de verduras

PARA 4 PERSONAS
- 16 champiñones
- 1 pimiento amarillo
- 2 calabacines pequeños
- 2 cebollas pequeñas
- 16 tomates *cherry*
- 5 ramas de tomillo
- 1 rama de romero
- 8 cs de aceite de oliva
- sal | pimienta recién molida
- 2 ct de hierbas de La Provenza
- 8 pinchos de madera

- ⏱ Preparación: 30 min
- ⏱ Marinado: 1 h
- ⏱ Asado: 15 min
- ➤ Aprox. 215 kcal por ración

1 | Limpiar los champiñones y cortar sus extremos. Lavar el pimiento, dividirlo a la mitad y limpiarlo; luego, cortarlo en cuartos, y posteriormente transversalmente en tiras anchas. Lavar los calabacines, limpiarlos y cortarlos en trozos de tamaño mediano. Pelar las cebollas y cortarlas en 4 partes. Lavar los tomates y secarlos con papel de cocina.

2 | Lavar el tomillo y el romero, y escurrirlos. Quitar las hojas de las ramas y picarlas fino. Agregar el aceite de oliva, la sal, la pimienta, las hierbas de La Provenza, el tomillo y el romero.

3 | Reservar 2 cs del aceite para condimentar. Colocar la verdura, las cebollas y las setas en una fuente y verter el aceite para condimentar (que ha sobrado anteriormente) por encima. Agitar la fuente de un lado para otro, de tal modo que todo quede cubierto por el aceite. Marinar la verdura 1 hora.

4 | Insertar la verdura, las cebollas y las setas alternativamente en los pinchos. Asarlos 15 minutos. Entre tanto, girar los pinchos de vez en cuando, untándolos con el resto del aceite aromático.

- ➤ Acompañamiento: baguette, salsa verde (pág. 11), alioli (pág. 10), mantequilla de aceitunas (pág. 11).
- ➤ Bebida: un vino rosado seco, un vino tinto fuerte.

CONSEJOS

Pinchos de romero

Si tiene un jardín en el que crezca abundante romero, corte 8 ramas gruesas y quite las hojas. Afile la punta del extremo inferior de las ramas con un cuchillo, e inserte luego las verduras, las setas y las cebollas en las ramas del romero.

Para los amantes del ajo

Pelar 1 diente de ajo, machacarlo en el prensaajos y añadirlo al aceite previsto para condimentar los pinchos.

especialidad griega | copiosa

Albóndigas con pimiento

PARA 4 PERSONAS

➤ 1 cebolla
   1 diente de ajo
   1 manojo de perejil
   100 g (4 oz) de Feta
   2 pimientos verdes
   600 g (1 lb 5 oz) de carne picada de mezcla
   2 cs de Quark desnatado
   sal | pimienta recién molida
   1/2 ct de mostaza
   2 cs de queso Parmesano recién rallado
   1 cs de aceite de oliva
   4 pinchos largos

🕐 Preparación: 35 min
🕐 Asado: 15 min
➤ Aprox. 520 kcal por ración

1 | Pelar la cebolla y trocearla fino. Pelar el ajo y picarlo fino. Lavar el perejil, secarlo y picarlo. Cortar el Feta en 24 dados pequeños. Lavar los pimientos, dividirlos a la mitad y limpiarlos. Cortar cada mitad en 6 trozos.

2 | Mezclar la carne picada con el Quark, la sal, la pimienta, la mostaza, el perejil, la cebolla, el ajo y el queso Parmesano. Envolver cada dado de Feta con la masa de carne y formar pequeñas "pelotitas".

3 | Insertar las bolitas y los trozos de pimiento alternativamente en los pinchos, y luego untarlos con el aceite. Asarlos durante 15 minutos, girándolos de vez en cuando.

➤ Acompañamiento: pan de leña, tzatziki (pág. 13), aceitunas.
➤ Bebida: un vino blanco seco.

oriental | fácil

Kebap de pavo

PARA 4 PERSONAS

➤ 1/2 cebolla
   1 limón
   1 ct de tomillo seco
   1 ct de orégano seco
   1/4 ct de canela en polvo
   1 ct de tomate triturado
   8 cs de aceite de oliva
   sal | pimienta negra
   600 g (1 lb 5 oz) de filetes de pechuga de pavo
   2 cebollas pequeñas rojas
   4 pinchos largos

🕐 Preparación: 25 min
🕐 Marinado: 4 h
🕐 Asado: 15 min
➤ Aprox. 345 kcal por ración

1 | Picar la cebolla muy fino. Rallar la piel de limón y exprimir el zumo. Mezclar la cebolla, el tomillo, el orégano, la canela, el tomate triturado, el aceite, la sal, la pimienta, el zumo y la piel de limón.

2 | Cortar la pechuga de pavo en dados y mezclarlos con el marinado, dejándolos macerar durante 4 horas.

3 | Pelar las cebollas rojas y hacerles 10 "cortes" a cada una con el cuchillo. Escurrir la carne con un colador. Untar las cebollas con el marinado que se ha formado. Insertar alternativamente la carne y las cebollas en los pinchos y asarlos 15 minutos.

➤ Guarnición: tzatziki (página 13), pan de leña.

TRUCO

Variante de cordero

En lugar de pechuga de pavo, se puede utilizar carne de cordero (muslo).

Ideas para sus fiestas con barbacoa

Fiesta mediterránea

Para 8 personas:

Tomates asados con Mozzarella (página 43, 4 porciones)

Rape con salsa de aceitunas y alcaparras (página 33, 8 porciones)

Filete de cerdo al pesto (página 21, 4 porciones)

Costillas de cordero con mantequilla de aceitunas (página 22, 4 porciones)

Pinchos provenzales de verduras (página 55, 4 porciones)

Fiesta caribeña

Tiras crujientes de calabaza (página 43, 4 porciones)

Crema de aguacate (página 10, 8 porciones)

Gambas con jengibre (página 34, 4 porciones)

Filetes de salmón con salsa de papaya y pimiento (página 38, 8 porciones)

Filetes picantes de cerdo (página 22, 4 porciones)

Pollo caribeño (página 28, 4 porciones)

Fiesta barbacoa

Pargo rojo al estilo hawaiano (página 34, 8 porciones) o filetes de ternera (página 18, 8 porciones)

Costillas con salsa barbacoa (página 16, 4 porciones)

Alas de pollo con capa crujiente de miel (página 28, 4 porciones)

Mazorcas de maíz asadas (página 12, 8 porciones)

Patatas asadas (página 12, 8 porciones)

Como aperitivo

Bellini

Para 8 copas/vasos: escaldar 2 melocotones aromáticos en agua hirviendo, dejarlos así unos instantes, y situarlos luego bajo un chorro de agua fría. Quitarles la piel, deshuesarlos y triturar la carne. Agregar 4 cs de licor de melocotón y 1/2 ct de zumo de limón. Repartir el puré de melocotón en las copas o vasos y verter por encima 0,8 l (4 fl oz) de Prosecco bien frío. Servir de inmediato.

Como aperitivo

Planter´s Punch

Para 8 copas/vasos: mezclar 120 ml (4 fl oz) de zumo de limón (aproximadamente 3 limones), 540 ml (18$^{1/2}$ fl oz) de zumo de naranja (aproximadamente 6 naranjas), 300 ml (10 fl oz) de zumo de piña, 8 cs de sirope de arce (o 8 cs de azúcar de caña) y 300 ml (10 fl oz) de ron añejo. Colocar 4 cubitos de hielo en cada copa y verter el cóctel por encima.

Como aperitivo

Coconut Dream

Para 8 copas/vasos: mezclar 750 ml (24 fl oz) de zumo de piña, 500 ml (17 fl oz) de zumo de naranja, 240 g (9 oz) de crema de coco (de lata), 200 g (7 oz) de nata y 160 ml (5$^{1/2}$ fl oz) de zumo de limón (aproximadamente 4 limones). Añadir en cada copa 3 cubitos de hielo (o, mejor aún, hielo machacado) y verter el cóctel. En función del gusto, añadir 1/2 ct de sirope de granada en cada copa. Todos los ingredientes han de ser enfriados previamente.

Postre

Crema Mascarpone

Escaldar 500 g (1 lb) de albaricoques, quitarles la piel, deshuesarlos y cortarlos en cuartos. Marinarlos en 2 cs de azúcar, 4 cs de zumo de limón y 6 cs de licor de naranja. Agregar removiendo 500 g (1 lb) de Mascarpone con 1 paquete y medio de polvo para nata batida, 6 cs de azúcar glas, 2 cs de zumo de limón y 1 cs de licor de naranja. Repartir los albaricoques con el marinado en 18 bizcochos (125 g -4$^{1/2}$ oz-), untarlos con el queso y enfriarlos 2 horas. Decorarlos con *amarettini*.

Postre

Ensalada de frutas exóticas

Pelar 2 mangos y separar la carne del hueso cortándola en tiras. Quitar el tallo y la piel a 1 piña grande, cortarla longitudinalmente en cuartos y recortar la parte central. Dividir la carne de la fruta en trozos medianos. Marinar las frutas con 4 cs de zumo de lima y 3 cs de azúcar de caña. Espolvorear el coco rallado por encima

Otra opción son los plátanos con miel a la parrilla (página 46).

Postre

Tarta de queso

Amasar 150 g (5 oz) de galletas de nuez desmenuzadas con 60 g (2 oz) de mantequilla, y colocarlo en 1 molde engrasado (24 cm Ø -9,57 pulgadas-), enfriándolo 30 min. Mezclar 400 g (14 oz) de queso fresco cremoso, 200 g de crema agria, 125 g (4$^{1/2}$ oz) de azúcar, 3 cs de zumo de limón y 3 yemas de huevo y hacer una crema. Unir 3 cs de espesante, 1/2 ct de levadura y batir 3 claras a punto de nieve, agregarlo a lo anterior. Untar la crema en la base de la tarta. Hornear a 180 °C (360 °F) 50 minutos.

Planificar sin estresarse

1 semana antes: comprar las bebidas, la Mozzarella y los condimentos, encargar el pescado.

2 días antes: comprar la carne, la verdura, la fruta y el jamón, encargar el pan.

1 día antes: preparar la salsa de aceitunas y el postre; condimentar los filetes de cerdo.

4 horas antes: condimentar los pinchos de verduras.

1 hora antes: condimentar las costillas y los filetes de pescado, preparar el aperitivo.

Planificar sin estresarse

1 semana antes: comprar las bebidas y los condimentos, encargar las gambas y el pescado.

2 días antes: comprar la carne, el pollo, la verdura y la fruta, encargar el pan.

1 día antes: marinar los filetes de cerdo.

4 horas antes: preparar la salsa de papaya y la ensalada de frutas; tener ya preparadas las gambas y el cóctel de zumo de frutas con ron.

1 hora antes: preparar la crema de aguacate, cortar y condimentar el pescado

Planificar sin estresarse

1 semana antes: comprar las bebidas y los condimentos, encargar el pescado y la carne.

2 días antes: comprar la verdura, encargar el pan.

1 día antes: hacer la salsa de mango, condimentar las costillas, marinar los filetes y las alas de pollo, hacer la tarta.

4 horas antes: tener preparadas las patatas y el maíz.

1 hora antes: preparar el cóctel, y cortar y condimentar el pescado.

Para su correcta utilización

Para que pueda encontrar con mayor rapidez las recetas y sus ingredientes, en este índice aparecen los más comunes, ordenados alfabéticamente y en **negrita**, con sus correspondientes recetas.

La autora

El mundo de la cocina y de la repostería fue, desde siempre, la gran pasión de **Anette Heisch**. Tanto es así que, una vez concluidos sus estudios de Ecotrofología, convirtió en el centro de su profesión todo lo relacionado con la comida y la bebida. Tras trabajar durante muchos años como redactora para diferentes y prestigiosas revistas femeninas y gastronómicas, desde 1995 es autora y redactora *free-lance* de libros de cocina en Múnich (Alemania). Sus "puntos fuertes" son la creación de platos fáciles y rápidos de preparar, la utilización de alimentos sanos (y, a la vez, sabrosos), las cocinas típicas de cada país y el asesoramiento en el uso y las aplicaciones de los diferentes productos.

La fotógrafa

Brigitte Sauer, tras acabar sus estudios de fotografía y realizar diferentes trabajos como asistente, trabaja desde 1995 como fotógrafa *free-lance* para diferentes editoriales, revistas y para el mundo de la publicidad. Sus ámbitos de trabajo son, principalmente, la gastronomía y los temas relacionados con los diferentes estilos de vida.

Fotografías

FoodPhotographie Eising, Martina Görlach: fotografía de cubierta. *Stockfood*: págs. 4 (primera y segunda fotografías), 5 (superior drcha. e inferior izq.), 7 (primera y segunda fotografías). *Webergrill*: pág. 4 (barbacoa de gas). petra electric: pág. 4 (barbacoa eléctrica). Restantes fotografías: Brigitte Sauer.

Jefe de redacción:
Birgit Rademacker
Redacción: Stefanie Poziombaka
Revisión: Bettina Bartz
Composición: Verlagssatz Lingner
Maquetación, tipografía y diseño de cubierta: independent Medien-Design, Múnich
Producción: Helmut Giersberg

Título original: *Grillen heiß geliebtes Sommervergnügen*
Traducción: Julio Otero Alonso

ABREVIATURAS:

cs = cucharada sopera
ct = cucharadita de té
fl oz = onza fluida
g = gramo
h = hora
kcal = kilocalorías
kg = kilogramo
l = litro
lb = libra
min = minuto
ml = mililitros
oz = onza

www.everest.es
Atención al cliente: 902 123 400

Atención

Los grados de temperatura de los hornos de gas varían de un fabricante a otro. Para comprobar las posibles correspondencias, consulte las instrucciones de su horno.

GLOSARIO DE TÉRMINOS

TABLAS DE EQUIVALENCIAS Y CONVERSIONES

España	Latinoamérica	En inglés
Albaricoque	Durazno, damasco	Apricot
Alubia blanca	Judía blanca, haba blanca	Beans
Beicon	Tocino de puerco, panceta, tocineta	Bacon
Cacahuete	Cacahuate, maní	Peanut
Calabacín	Calabacita, calabaza, zapallito	Zucchini
Callo, morro	Mondongo	Tripe
Cochinillo	Lechón, cochinita, cerdito	Piglet
Creps	Crepas, panqueque, arepas	*Crêpe*
Dulce, membrillo	Ate, dulce de cereza	Quince
Entremés	Botana, copetín, entremeses	*Hors d´oeuvre*
Especias diversas	Recaudo	Spice
Filete	Escalopa, bife, biftec	Steak
Fresa	Frutilla	Strawberry
Gamba	Camarón	Schrimp
Guisante	Chícharo, arveja, habichuelas	Pea
Helado	Nieve, mantecado	Ice-cream
Judía verde	Ejote, chaucha	String bean
Maíz	Elote, choclo	Corn
Melocotón	Durazno	Peach
Nata	Crema de leche, crema doble, natilla	Cream
Patata	Papa	Potato
Pavo	Guajolote	Turkey
Pimiento verde	Ají	Pepper
Plátano	Plátano macho, banana, guineo	Banana
Salpicón	Ceviche, ceviche criollo	
Salsa	Aliño, mole	Sauce
Sésamo	Ajonjolí	Sesame
Setas	Hongos, mushrooms	Mushrooms
Tomate rojo	Jitomate, tomate	Tomato
Tortilla	Torta, omelette, omellete	Omelet
Zumo	Jugo, néctar	Juice

PESO

Sistema métrico	Sistema anglosajón
30 g	1 onza (oz)
110 g	4 oz (1/4 lb)
225 g	8 oz (1/2 lb)
340 g	12 oz (3/4 lb)
450 g	16 oz (1 lb)
1 kg	$2^{1/4}$ lb
1,8 kg	4 lb

CAPACIDAD (líquidos)

ml	fl oz (onzas fluidas)
30 ml	1 fl oz
100 ml	$3^{1/2}$ fl oz
150 ml	5 fl oz
200 ml	7 fl oz
500 ml	17 fl oz
1 l	35 fl oz

LONGITUD

pulgadas	equivalente métrico
1 pulgada	2,54 cm
5 pulgadas	12,70 cm
10 pulgadas	25,40 cm
15 pulgadas	38,10 cm
20 pulgadas	50,80 cm

TEMPERATURAS (Horno)

°C	°F	Gas
70	150	1/4
100	200	1/2
150	300	2
200	400	6
220	425	7
250	500	9

PLANIFICAR EL TIEMPO

- Ponga a punto la brasa de la barbacoa con antelación. La elaboración de una buena brasa necesita, al menos, 30 minutos.
- Prepare y coloque sobre la parrilla los alimentos que necesitan más tiempo de asado (como, por ejemplo, las patatas).
- En el caso de la carne, ase primero los trozos que necesiten menos tiempo, así los invitados estarán "entretenidos".

Garantía de éxito para sus barbacoas

HIGIENE

- Saque los alimentos crudos de la nevera justo antes de asarlos.
- No vuelva a colocar los alimentos ya asados en la parrilla en la que se encontraban los alimentos crudos.
- ¡Cuidado con la carne de ave!: deshágase del marinado en el que estuvo la carne cruda después de utilizarlo. Unte la carne de ave con el marinado reservado para este propósito.

MARINAR

- El tiempo de marinado debe ser más corto en el caso del pescado (basta con 30 minutos).
- La carne más gruesa, como son las chuletas, las costillas o los filetes, puede marinarse el día anterior a la barbacoa.
- Los trozos más tiernos no conviene marinarlos durante más de 4 horas.
- Una vez marinados los alimentos, hay que taparlos con *film* y colocarlos en la nevera.

SEGURIDAD

- Coloque la barbacoa sobre una superficie estable.
- No vierta nunca una mecha líquida sobre el carbón ya encendido, ¡corre el riesgo de provocar una llamarada!
- No utilice alcohol.
- No deje nunca la barbacoa sin vigilancia.
- Tenga preparado siempre un cubo de agua.